FETTREICHES REZEPTBUCH

Ein fettarmes Kochbuch mit über 50 schnellen und einfachen Rezepten

Ellis Kraus

INHALTSVERZEICHNIS

EINFÜHRUNG

Eine fettarme Ernährung reduziert die Menge an Fett, die über die Nahrung aufgenommen wird, manchmal drastisch. Je nachdem, wie extrem diese Diät oder dieses Ernährungskonzept umgesetzt wird, können nur 30 Gramm Fett pro Tag konsumiert werden.

Bei konventioneller Vollwertnahrung nach Interpretation der Deutschen Gesellschaft für Ernährung ist der empfohlene Wert mehr als doppelt so hoch (ca. 66 Gramm oder 30 bis 35 Prozent der täglichen Energiezufuhr). Durch die starke Reduzierung des Nahrungsfetts sollten die Pfunde fallen und / oder sich nicht auf den Hüften zurücklehnen.

Auch wenn es mit dieser Diät an sich keine verbotenen Lebensmittel gibt: Mit Leberwurst, Sahne und Pommes Frites haben Sie das Tageslimit für Fett schneller erreicht, als Sie sagen können „weit davon entfernt, voll zu sein". Daher sollten für eine fettarme Ernährung hauptsächlich oder ausschließlich Lebensmittel mit niedrigem Fettgehalt auf dem Teller landen - vorzugsweise "gute" Fette wie die in Fisch- und Pflanzenölen.

Was sind die Vorteile einer fettarmen Diät?

Fett liefert lebenswichtige (essentielle) Fettsäuren. Der Körper braucht auch Fett, um bestimmte Vitamine (A, D, E, K) aus der Nahrung aufnehmen zu können. Es wäre daher keine gute Idee, Fett in Ihrer Ernährung insgesamt zu eliminieren.

Insbesondere in wohlhabenden Industrienationen wird täglich deutlich mehr Fett konsumiert, als von Experten empfohlen wird. Ein Problem dabei ist, dass Fett besonders energiereich ist - ein Gramm davon enthält 9,3 Kalorien und damit doppelt so viel wie ein Gramm Kohlenhydrate oder Eiweiß. Eine erhöhte Fettaufnahme fördert daher Fettleibigkeit. Darüber hinaus sollen zu viele gesättigte Fettsäuren wie Butter, Schmalz oder Schokolade das Risiko für Herz-Kreislauf-Erkrankungen und sogar Krebs erhöhen. Eine fettarme Ernährung könnte diese beiden Probleme verhindern.

NIEDRIGFETTE LEBENSMITTEL: TABELLE FÜR LEAN-ALTERNATIVEN

Die meisten Menschen sollten sich bewusst sein, dass es nicht gesund ist, sich in unkontrolliertes Fett zu stopfen. Offensichtliche Fettquellen wie Fettränder auf Fleisch- und Wurst- oder Butterseen in der Pfanne sind leicht zu vermeiden.

Bei versteckten Fetten, wie sie in Gebäck oder Käse enthalten sind, wird es schwieriger. Bei letzteren wird die Fettmenge manchmal als absoluter Prozentsatz angegeben, manchmal als "% FiTr.", Dh der Fettgehalt in der Trockenmasse, der entsteht, wenn das Wasser aus dem Lebensmittel entfernt wird.

Für eine fettarme Ernährung muss man genau hinschauen, denn ein Creme-Quark mit 11,4% Fett klingt fettärmer als einer mit 40% FiTr. Beide Produkte haben den gleichen Fettgehalt. Listen von Ernährungsexperten (z. B. der DGE) helfen dabei, eine fettarme Ernährung so einfach wie möglich in den Alltag zu integrieren und Stolperfallen zu vermeiden. Zum Beispiel ist hier eine anstelle einer Tabelle (fettreiche Lebensmittel mit fettarmen Alternativen):

Fettreiche Lebensmittel

Fettarme Alternativen

Butter

Frischkäse, Kräuterquark, Senf, Sauerrahm, Tomatenmark

Pommes Frites, Bratkartoffeln, Kroketten, Kartoffelpuffer

Pellkartoffeln, Ofenkartoffeln oder Ofenkartoffeln

Schweinebauch, Wurst, Gans, Ente

Kalbfleisch, Wildbret, Pute, Schweinekotelett, -lende, Huhn, Entenbrust ohne Haut

Lyoner, Mortadella, Salami, Leberwurst, Blutwurst, Speck

Gekochter / geräucherter Schinken ohne fetten Rand, fettarme Würste wie Lachsschinken, Putenbrust, Braten, Aspikwurst

Fettfreie Alternativen zu Wurst oder Käse oder zum Kombinieren

Tomaten, Gurken, Radieschenscheiben, Salat auf Brot oder sogar Bananenscheiben / dünne Apfelschnitze, Erdbeeren

Fischstäbchen

Gedämpfter, fettarmer Fisch

Thunfisch, Lachs, Makrele, Hering

Gedämpfter Kabeljau, sagt, Schellfisch

Milch, Joghurt (3,5% Fett)

Milch, Joghurt (1,5% Fett)

Sahnequark (11,4% Fett = 40% FiTr.)

Quark (5,1% Fett = 20% FiTr.)

Doppelfrischkäse (31,5% Fett)

Schichtkäse (2,0% Fett = 10% FiTr.)

Fettkäse (> 15% Fett = 30% FiTr.)

Fettarmer Käse (max. 15% Fett = max. 30% FiTr.)

Creme fraiche (40% Fett)

Saure Sahne (10% Fett)

Mascarpone (47,5% Fett)

Körniger Frischkäse (2,9% Fett)

Obstkuchen mit Mürbeteig

Obstkuchen mit Hefe oder Biskuit

Biskuit, Sahnetorte, Schokoladenkekse, Shortbread, Schokolade, Riegel

Fettarme Süßigkeiten wie russisches Brot, Ladyfingers, Trockenfrüchte, Gummibärchen, Fruchtgummi, Mini-Schokoladenküsse (Achtung: Zucker!)

Nuss-Nougat-Creme, Schokoladenscheiben

Körniger Frischkäse mit etwas Marmelade

Croissants

Brezelcroissants, ganze Brötchen, Hefegebäck

Nüsse, Kartoffelchips

Salzstangen oder Brezeln

Eiscreme

Fruchteis

Schwarze Oliven (35,8% Fett)

Grüne Oliven (13,3% Fett)

NIEDRIGFETTE ERNÄHRUNG: WIE SIE FETT IM HAUSHALT SPAREN

Neben dem Austausch von Zutaten gibt es noch einige andere Tricks, mit denen Sie eine fettarme Ernährung in Ihren Alltag integrieren können:

Dämpfen, Schmoren und Grillen sind fettsparende Kochmethoden für eine fettarme Ernährung.

Im Römertopf oder mit speziellen Edelstahltöpfen kochen. Lebensmittel können auch ohne Fett in beschichteten Pfannen oder in der Folie zubereitet werden.

Sie können Fett auch mit einem Pumpsprühgerät sparen: Füllen Sie etwa die Hälfte des Öls und Wassers ein, schütteln Sie es und sprühen Sie es vor dem Braten auf den Boden des Kochgeschirrs. Wenn Sie kein Pumpsprühgerät haben, können Sie das Kochgeschirr mit einer Bürste einfetten - dies spart auch Fett.

Ersetzen Sie für eine fettarme Ernährung in Sahnesaucen oder Aufläufen die Hälfte der Sahne durch Milch.

Lassen Sie Suppen und Saucen abkühlen und schöpfen Sie dann das Fett von der Oberfläche.

Bereiten Sie Saucen mit etwas Öl, Sauerrahm oder Milch zu.

Braten- und Gemüsebrühe können für eine fettarme Ernährung mit püriertem Gemüse oder geriebenen rohen Kartoffeln gebunden werden.

Legen Sie Pergamentpapier oder Folie auf das Backblech, dann müssen Sie nicht einfetten.

Fügen Sie einfach ein kleines Stück Butter und frische Kräuter zu Gemüsegerichten hinzu, und die Augen werden bald auch essen.

Cremeschalen mit Gelatine binden.

NIEDRIGFETTE ERNÄHRUNG: WIE GESUND IST ES WIRKLICH?

Ernährungsexperten sind seit langem davon überzeugt, dass eine fettarme Ernährung der Schlüssel zu einer schlanken Figur und Gesundheit ist. Butter, Sahne und rotes Fleisch hingegen galten als Gefahr für das Herz, die Blutwerte.und Skalen. Immer mehr Studien deuten jedoch darauf hin, dass Fett nicht so schlimm ist, wie es nur geht. Im Gegensatz zu einem fettarmen Ernährungsplan konnten sich die Testpersonen beispielsweise an ein mediterranes Menü mit viel Pflanzenöl und Fisch halten, waren gesünder und wurden immer noch nicht fett.

Beim Vergleich verschiedener Studien zu Fett stellten amerikanische Forscher fest, dass kein Zusammenhang zwischen dem Konsum von gesättigten Fettsäuren und dem Risiko einer koronaren Herzkrankheit besteht. Es gab auch keine eindeutigen wissenschaftlichen Beweise dafür, dass fettarme Diäten das Leben verlängern. Nur sogenannte Transfette, die unter anderem beim Frittieren und beim teilweisen Aushärten von pflanzlichen Fetten (in Pommes Frites, Pommes Frites, Fertigwaren usw.) entstehen, wurden von den Wissenschaftlern als gefährlich eingestuft.

Diejenigen, die nur oder hauptsächlich fettarme oder fettfreie Lebensmittel essen, essen wahrscheinlich insgesamt bewusster, laufen jedoch Gefahr, zu wenig von den „guten Fetten" zu bekommen. Es besteht auch das Risiko eines Mangels an fettlöslichen Vitaminen, die unser Körper zur Aufnahme von Fett benötigt.

Fettarme Ernährung: das Endergebnis

Eine fettarme Ernährung erfordert den Umgang mit den Lebensmitteln, die man konsumieren möchte. Infolgedessen ist man sich wahrscheinlich des Kaufens, Kochens und Essens bewusster.

Bei der Gewichtsabnahme zählt jedoch nicht in erster Linie, woher die Kalorien stammen, sondern dass Sie weniger davon pro Tag zu sich nehmen, als Sie verbrauchen. Noch mehr: (essentielle) Fette sind für die allgemeine Gesundheit notwendig, da der Körper ohne sie bestimmte Nährstoffe nicht nutzen und bestimmte Stoffwechselprozesse nicht ausführen kann.

Zusammenfassend bedeutet dies: Eine fettarme Ernährung kann ein wirksames Mittel zur Gewichtskontrolle oder zur Kompensation des Fettgenusses sein. Es ist nicht ratsam, ganz auf Nahrungsfett zu verzichten.

JACKE KARTOFFELN MIT KRÄUTERQUARK

Portionen: 4

ZUTATEN

- 1 kg   Kartoffeln
- für den Kräuterquark
- 1 TL   Salz-
- 1 Stck Schalotte (klein)
- 1 Föderation Schnittlauch
- 0,5 Föderation   Petersilie
- 0,5 Föderation   Schnittlauch
- 500 G. Magerquark
- 100 ml Milch
- 1 EL   Creme fraiche

- 1 Preis Pfeffer

VORBEREITUNG

Waschen Sie zuerst die Kartoffeln und kochen Sie sie mit der Haut in Salzwasser etwa 20 Minuten lang.

In der Zwischenzeit den Kräuterquark zubereiten. Dazu die Schalotte schälen und in sehr feine Würfel schneiden. Frischen Schnittlauch, Petersilie und Dill gründlich waschen, trocken schütteln und fein hacken.

Die frischen Kräuter mit Quark, Milch und Crème Fraîche mischen und mit Salz und Pfeffer würzen.

Am Ende der Garzeit die Kartoffeln abseihen, schälen und die Pellkartoffeln mit Kräuterquark servieren.

NUDELSALAT

S.

Portionen: 4

ZUTATEN

- 250 g Penne (Hartweizennudeln)
- 200 G. Cocktail Tomaten
- 1 Föderation Basilikum
- 1 Schuss   Olivenöl
- 1 Schuss   Balsamico Essig
- 1 Preis Salz-

VORBEREITUNG

Für den Nudelsalat zuerst die Nudeln (am besten Penne Rigate) in einem Topf mit Salzwasser ca. 10-12 Minuten al dente kochen. Die Nudeln sind perfekt, wenn sie nicht mehr hart, sondern nur noch bissfest sind. Dann die Nudeln durch ein Sieb abtropfen lassen.

In der Zwischenzeit die Tomaten waschen und halbieren. Waschen Sie das frische Basilikum, schütteln Sie es trocken und entfernen Sie die Blätter von den Stielen.

Dann die Penne in eine Schüssel geben, mit den Tomaten mischen, mit Olivenöl, Balsamico-Essig und Salz würzen und schließlich die Basilikumblätter hinzufügen.

PAPRIKA REIS

S.

Portionen: 4

ZUTATEN

- 1 Stck Paprika, gelb
- 2 Stk Paprika, rot
- 2 EL   Olivenöl
- 250 g Reis
- 500 ml Wasser
- 1 TL   Salz-
- 0,5 TL Paprikapulver, heiß wie Rose
- 2 EL   Tomatenmark
- 2 EL   Petersilie, gehackt

VORBEREITUNG

Paprika halbieren, entkernen, waschen und in sehr kleine Würfel schneiden. Dann die Pfefferstücke in einem Topf mit Olivenöl anbraten.

Dann den Reis dazugeben und kurz umrühren. Wasser aufgießen, Paprikapulver und Salz einstreuen, zum Kochen bringen und bei geschlossenem Deckel bei schwacher Hitze ca. 10-15 Minuten quellen lassen - bis das Wasser vom Reis aufgenommen wird.

Zum Schluss die gehackte Petersilie und Tomatenmark in den Paprikareis einrühren.

GLOCKENPFEPPER MIT KOSTBARER GEMÜSEFÜLLUNG

Portionen: 4

ZUTATEN

- 8 Stk Paprika, rot, grün, gelb
- 500 ml Gemüsebrühe
- 300 G Couscous
- 3 Stk Schalotten, fein gehackt
- 0,5 Föderation   Schnittlauch
- 1 Preis Salz-
- 1 Preis Pfeffer aus der Mühle
- 1 Preis Zucker
- 1 Preis Curry Pulver
- 1 TL   Butter zum Verteilen

- 100 G. Cocktail Tomaten

VORBEREITUNG

Paprika waschen, Deckel abschneiden, Kerne entfernen und in einem Topf mit Salzwasser ca. 2 Minuten kochen und in kaltem Wasser abspülen.

Dann die Gemüsebrühe zum Kochen bringen, über den Couscous gießen und gut 10 Minuten einweichen lassen.

In der Zwischenzeit die Tomaten waschen und halbieren. Schalotten putzen und fein hacken. Schnittlauch waschen, trocken schütteln und fein hacken.

Dann den eingeweichten Couscous mit den Schalotten, Tomaten und Schnittlauch mischen und mit Salz, Pfeffer, Curry und Zucker würzen.

Füllen Sie die Paprikaschoten mit der Couscous-Mischung, bestreichen Sie sie mit Butter, setzen Sie den Deckel wieder auf, legen Sie die Paprikaschoten in eine Auflaufform (oder eine feuerfeste Pfanne oder Form) und legen Sie sie für etwa 180 Grad (Hitze von oben nach unten) in den vorgeheizten Ofen ca. 15-20 Minuten kochen lassen.

PAPAS ARRUGADAS (SALZ- UND SCHRIFTKARTOFFELN)

Portionen: 4

ZUTATEN

- 250 g Meersalz
- 1 l Wasser
- 1 kg Kartoffeln, wachsartig, klein bis mittelgroß

VORBEREITUNG

Papas Arrugadas ist ein traditionelles Kartoffelgericht von den Kanarischen Inseln (Spanien). Waschen Sie dazu die Kartoffeln gut und geben Sie genug Wasser hinein, um sie alle in den Topf zu geben.

Fügen Sie das Salz hinzu, bringen Sie die ungeschälten Kartoffeln zum Kochen, stellen Sie sie wieder auf mittlere Hitze und decken Sie den Topf mit einem Deckel ab, damit das Wasser verdunsten kann.

Kochen Sie die Kartoffeln nun vorsichtig etwa 20 bis 25 Minuten lang (abhängig von der Größe der Kartoffeln), bis sie weich sind, aber sie sollten nicht matschig werden.

Gießen Sie dann das Kochwasser ab, wischen Sie den Topf trocken und stellen Sie ihn etwa 30 Minuten lang wieder auf die ausgeschaltete Ofenplatte. Die Kartoffeln verdunsten und bekommen eine weißliche, leichte Salzkruste - sie nehmen auch das typische faltige Aussehen an.

PANNA COTTA MIT MILCH

S.

Portionen: 4

ZUTATEN

- 200 ml Milch
- 600 ml Buttermilch
- 1 Stck Vanilleschote
- 2 EL   Zucker, gut
- 5 Bl   Gelatine, weiß

VORBEREITUNG

Die Gelatine zuerst 5 Minuten in einer Schüssel mit kaltem Wasser einweichen. Schneiden Sie die Vanilleschote mit einem scharfen Messer der Länge nach und kratzen Sie das Fruchtfleisch heraus.

Die Milch mit dem Zucker in einen Topf geben, das Vanillepulpe und die Vanilleschote hinzufügen und zum Kochen bringen.

Bringen Sie nun die Vanillemilch etwa 1 Minute lang zum Kochen, nehmen Sie sie dann vom Herd, entfernen Sie die Vanilleschote, drücken Sie die Gelatine heraus und geben Sie Blatt für Blatt in die heiße Milch und rühren Sie sie ein, bis sie sich aufgelöst hat.

Dann die Milchmischung ca. 10 Minuten ziehen lassen, dann die Buttermilch einrühren.

Spülen Sie nun 4 Dessertgläser mit kaltem Wasser ab, gießen Sie die Milchmischung hinein und kühlen Sie sie mindestens 5 Stunden lang.

Dann servieren Sie die Panna Cotta mit Milch, die in Gläsern gut gekühlt oder auf Serviertellern auf den Kopf gestellt ist.

PANNA COTTA MIT MILCH

S.

Portionen: 4

ZUTATEN

- 750 ml Vollmilch
- 1 Pk   Vanillezucker
- 4 EL   Zucker
- 1 TL   Agar-Agar, gehäuft
- 1 TL   Pflanzenöl, neutral
- 4 Stk Dessertschalen, á 200 ml

VORBEREITUNG

Geben Sie zuerst die Milch in einen Topf und fügen Sie
den Zucker und den Vanillezucker hinzu. Dann den Agar

einrühren und die Milch unter ständigem Rühren zum Kochen bringen.

Die Milch ca. 2 Minuten zum Kochen bringen, dann die Temperatur senken und die Milch bei mittlerer Hitze ca. 10 Minuten leicht köcheln lassen. Immer wieder umrühren.

In der Zwischenzeit die Dessertschalen leicht mit Pflanzenöl bestreichen. Gießen Sie die Milch in die Formen und lassen Sie sie etwas abkühlen.

Dann mit Frischhaltefolie abdecken und mindestens 4 Stunden im Kühlschrank abkühlen lassen.

Die Panna Cotta mit Milch wird entweder in der Schüssel oder in der Schüssel kurz in heißes Wasser getaucht und das Dessert dann auf den Teller gestürzt.

ORIGINAL SPAETZLE DOUGH

S.

Portionen: 5

ZUTATEN

- 500 G. Mehl, weiß, Typ 405
- 5 Stk Eier, Größe M.
- 1,5 TL Salz-
- 1 Preis Salz für das kochende Wasser
- 250 ml Wasser, lauwarm

VORBEREITUNG

Für den originalen Spätzle-Teig die Zutaten wie Mehl,
Eier und Salz in eine Schüssel geben und umrühren.
Dann nach und nach das Wasser hinzufügen und mit dem
Rührlöffel gut verquirlen.

Der Teig sollte Blasen schlagen und mit dem Rührlöffel hochgezogen werden können. Passen Sie die Konsistenz mit dem Wasser an. Decken Sie dann die Schüssel ab und lassen Sie sie kurz ruhen, ca. 10 Minuten.

In der Zwischenzeit das Salzwasser zum Kochen bringen, dann den Teig in Portionen auf einem feuchten Spätzlebrett dünn verteilen und mit einem Schaber (oder Messer) feine Streifen ins Wasser schneiden und stehen lassen.

Die fertige Spätzle kommt sehr schnell auf und kann abgeschöpft werden.

ORANGE UND MINT JOGURT

S.

Portionen: 4

ZUTATEN

- 4 zwischen   Minze
- 1 Stck Orange, reif, organisch
- 200 G. Naturjoghurt
- 1 Preis Zucker
- 1 Preis Salz-
- 1 Preis Pfeffer

VORBEREITUNG

Waschen Sie zuerst die frische Minze, schütteln Sie sie trocken und hacken Sie sie fein.

Die reife Orange mit heißem Wasser waschen, mit Küchenpapier trocknen und die Schale fein reiben. Dann schneiden Sie das Fruchtfleisch in kleine Stücke.

Dann den Joghurt mit der Minze, den Orangenstücken und der Orangenschale mischen und mit Salz, Pfeffer und Zucker würzen.

OFENTOMATEN

S.

Portionen: 4

ZUTATEN

- 4 Stk   Mittelgroße Tomaten
- 2 TL   Olivenöl
- 2 EL   Parmesan, gerieben
- 0,5 Föderation   Petersilie
- 8 Bl   Basilikum
- 0,5 TL Oregano, getrocknet

VORBEREITUNG

Den Backofen auf 180 Grad vorheizen.

Schneiden Sie die Tomaten in zwei Hälften und legen Sie sie mit der geschnittenen Seite nach oben auf ein Backblech.

Knoblauchzehen schälen und grob hacken. Petersilie und Basilikum waschen und hacken.

Knoblauch, Parmesan und Gewürze auf die Tomaten verteilen, alles mit Öl beträufeln und 20 Minuten im Ofen kochen, bis sie weich und gebacken sind.

BAKED POTATO MIT
COUSCOUS FÜLLUNG

Portionen: 4

ZUTATEN

- 4 Stk Kartoffeln, groß, meist wachsartig
- 1 Preis Salz-
- 1 Preis Pfeffer
- 1 EL   Olivenöl
- 150 G. Tomaten
- 1 Stck Gurke
- 0,5 Föderation   Frühlingszwiebel
- 1 EL   Zitronensaft
- 8 EL   Geriebener Gouda
- 4 EL   Butter

- 4 EL   Quark zum Garnieren

für den Couscous

- 125 G. Couscous
- 125 ml Wasser
- 1 Schuss   Olivenöl
- 1 TL   Salz-

VORBEREITUNG

Den Backofen auf ca. 175 ° C obere und untere Hitze.
Waschen Sie die Kartoffeln, trocknen Sie sie gründlich
ab und kochen Sie sie dann, eingewickelt in
Aluminiumfolie, etwa 2 Stunden lang im Ofen.

In der Zwischenzeit den Couscous zusammen mit
Wasser (oder Gemüsebrühe), Salz und einem Schuss
Olivenöl zum Kochen bringen, den Topf von der
Kochplatte nehmen und ca. 5 Minuten abgedeckt lassen.

Dann die Tomaten, die Gurke und die Frühlingszwiebeln
waschen und in kleine Stücke schneiden. Dann das
Gemüse mit dem Couscous mischen und mit
Zitronensaft, Olivenöl, Salz und Pfeffer würzen.

Wenn die Kartoffeln vollständig gebacken sind, nehmen
Sie sie aus dem Ofen, öffnen Sie die Aluminiumfolie und
schneiden Sie sie der Länge nach in die Kartoffeln. Den
Inhalt der Kartoffeln mit einer Gabel ein wenig
zerdrücken, geriebenen Käse und Butter hinzufügen und
schmelzen lassen.

Zum Schluss den Couscous-Salat über die Kartoffeln gießen und mit einem Löffel Quark garnieren.

GEBACKENES HÜHNCHEN

S.

Portionen: 52

ZUTATEN

- 700 G. Kartoffeln
- 2 Stk Knoblauchzehen
- 3 EL   Olivenöl
- 1 Preis Salz-
- 1 Preis Gemahlener Pfeffer
- 700 G. Hähnchenfilet
- 150 G. Mozzarella

VORBEREITUNG

Heizen Sie den Ofen zuerst auf 200 ° C oben und unten vor / 180 ° C Umluft.

Dann die Kartoffeln waschen, schälen und in ca. 1 cm dicke Stücke schneiden.

Dann den Knoblauch schälen, fein hacken und mit den Kartoffeln in eine Schüssel geben.

Mischen Sie nun die Kartoffeln mit Salz, Pfeffer und Olivenöl, legen Sie sie in eine mit Butter gefettete Auflaufform und backen Sie sie 15 Minuten lang im Ofen.

In der Zwischenzeit die Hähnchenfilets waschen und mit etwas Küchenpapier trocken tupfen.

Nehmen Sie als nächstes die Auflaufform aus dem Ofen, schieben Sie die Kartoffeln an den Rand der Auflaufform und legen Sie die Hähnchenfilets in die Mitte.

Im nächsten Schritt das Ganze erneut 25 Minuten lang in den Ofen stellen.

Zum Schluss den Mozzarella in Scheiben schneiden, auf das gebackene Huhn legen und weitere 2 Minuten backen.

Fruchtsalat mit Joghurt

S.

Portionen: 4

ZUTATEN

- 2 Stk Bananen
- 2 Stk Äpfel
- 2 Stk Birnen
- 2 Stk Orangen
- 300 G Trauben, kernlos
- 200 G. Blaubeeren
- 4 EL   Zitronensaft
- 500 G. Naturjoghurt
- 1 TL   Honig
- 1 Pk   Vanillezucker

VORBEREITUNG

Waschen Sie zuerst die Trauben, trocknen Sie sie mit Küchenpapier und schneiden Sie sie in zwei Hälften. Die Blaubeeren kurz abspülen und trocken tupfen. Die Orangen schälen und in Stücke schneiden.

Dann die Äpfel und Birnen waschen, vierteln, die Kerne entfernen und die Früchte in kleine Stücke schneiden.

Als nächstes schälen und schneiden Sie die Bananen und legen Sie sie mit dem Rest der Früchte in eine Schüssel. Alles sorgfältig mischen und mit der Hälfte des Zitronensaftes beträufeln.

Den restlichen Zitronensaft mit Joghurt, Honig und Vanillezucker mischen und in vier Schalen gießen.

Zum Schluss die Früchte darauf verteilen und den Obstsalat sofort mit Joghurt servieren.

FRUCHTSALAT MIT FRISCHEM GINGER

Portionen: 4

ZUTATEN

- 250 g Trauben, kernlos
- 1 Stck Honigmelone
- 1 Stck Zitrone
- 1 EL   Zucker, braun
- 2 cm   Ingwer, frisch
- 2 Stk Orange

VORBEREITUNG

Die Honigmelone schälen, die Steine entfernen und das Fruchtfleisch in Würfel schneiden. Dann die Orangen schälen, die weiße Haut entfernen und die Orangen filetieren.

Die Trauben waschen, sortieren und halbieren. Den Ingwer schälen und sehr fein reiben. Die Zitrone halbieren und den Saft auspressen.

Mischen Sie nun die Honigmelone, Orangen und Trauben in einer Schüssel mit Zucker, Zitronensaft und Ingwer.

Dann den Obstsalat mit frischem Ingwer 30 Minuten im Kühlschrank marinieren lassen.

Nudelsuppe aus Vietnam

S.

Portionen: 4

ZUTATEN

- 300 G Roastbeef
- 3 EL   Sojasauce
- 2 Stk Knoblauchzehen
- 1 Föderation Asiatisches Basilikum
- 500 G. Reisnudeln
- 1 Föderation Koriander, frisch
- 5 Stk Frühlingszwiebeln
- 2 l   Rinderbrühe
- 4 Stk Zitronenscheiben
- 6 EL   Bohnensprossen

VORBEREITUNG

Bereiten Sie für die Nudelsuppe aus Vietnam die Reisnudeln gemäß den Anweisungen auf der Packung vor. Einige werden nur kurz mit kochendem heißem Wasser übergossen, andere müssen in heißem Wasser eingeweicht werden.

Dann teilen Sie die Nudeln auf 4 tiefe Suppenteller.

Das Roastbeef in feine Streifen schneiden und mit der Sojasauce mischen.

Das asiatische Basilikum und den Koriander fein hacken und mit den Sojasprossen und den Zitronenschnitzen in Schalen auf den Tisch legen.

Die Frühlingszwiebeln waschen und reinigen, in feine Ringe schneiden und in Schalen auf den Tisch legen.

Die Roastbeefstreifen auf den Reisnudeln verteilen und die kochende Rinderbrühe darüber gießen.

Pastasalat mit Kräutersauce

Portionen: 2

ZUTATEN

- 150 G. Korkenzieher Pasta
- 1 Preis Salz zum Kochen
- 1 Stck Frühlingszwiebel, mit grün
- 40 G. Bündner Fleisch, dünn geschnitten.

für die Soße

- 0,5 Stk   Knoblauchzehe
- 3 EL   Kerbel, fein gehackt
- 1 EL   Dill, fein gewogen
- 1 EL   Schnittlauchbrötchen
- 120 G. Sahne dicke Milch, 10% Fett
- 4 EL   Kefir, fettarm

- 1 TL   Molkosan
- 2 PreisPfeffer
- 2 PreisSalz-

VORBEREITUNG

Kochen Sie die Nudeln zuerst in kochendem Salzwasser gemäß den Anweisungen auf der Packung, bis sie al dente sind.

In der Zwischenzeit die Frühlingszwiebeln waschen und reinigen, das Gemüse in feine Ringe schneiden und die Knolle fein würfeln.

Dann das Bündnerfleisch in feine Streifen schneiden und eine Schüssel mit den Zwiebeln füllen.

Gießen Sie die Nudeln in ein Sieb, spülen Sie sie ab, lassen Sie sie gut abtropfen und fügen Sie sie zu den Zutaten in der Schüssel hinzu.

Nun den Knoblauch abziehen, mit einer Gabel zerdrücken und mit den Kräutern in einer zweiten Schüssel mit der dicken Sahnemilch mischen. Nun Kefir, Molkosan, Pfeffer und Salz glatt rühren.

Zum Schluss die Sauce nochmals würzen und unter die Nudelmischung heben. Lassen Sie den Nudelsalat mit Kräutersauce ca. 15 Minuten einweichen.

Pasta mit Chili und Zwiebeln

Portionen: 4

ZUTATEN

- 2 Stk Chilischoten
- 500 G. Pasta
- 5 l   Salzwasser
- 2 Stk Paprika, rot
- 1 Msp Cayenne Pfeffer
- 250 g Tomaten aus der Dose
- 250 g Zwiebel
- 1 Bl   Petersilie
- 1 Preis Salz-
- 1 Preis Gemahlener Pfeffer
- 5 EL   Olivenöl

VORBEREITUNG

Kochen Sie die Nudeln zuerst in einem Topf mit Salzwasser etwa 10 Minuten lang al dente.

In der Zwischenzeit die Zwiebeln schälen und in dünne Ringe schneiden.

Dann waschen, trocknen, halbieren, entkernen und die Paprika schneiden.

Dann die Paprika zusammen mit den Zwiebeln in einem Topf mit Öl bei mittlerer Hitze 4-5 Minuten braten.

Nun die Tomaten zusammen mit etwas Salz, Pfeffer und Cayennepfeffer dazugeben und abdecken und 20 Minuten köcheln lassen.

In der Zwischenzeit die Nudeln abtropfen lassen und in einem Sieb gut abtropfen lassen.

Anschließend die Chilischoten waschen, trocknen, halbieren, entkernen und fein hacken.

Dann die Petersilie waschen, trocknen und fein hacken.

Dann die gehackten Chilischoten zusammen mit den Nudeln in den Topf geben und alles gut mischen.

Zum Schluss die Nudeln mit Chili und Zwiebeln auf Tellern verteilen, mit der Petersilie garnieren und servieren.

NIGIRI SUSHI

S.

Portionen: 4

ZUTATEN

- 1 Tasse   Sushi-Reis
- 1,5 Tasse   Wasser
- 300 G Lachsfilet
- 5 EL   Reisessig
- 1 EL   Zucker
- 0,5 EL Salz

VORBEREITUNG

Zuerst wird der klassische Sushi-Reis zubereitet.
Waschen Sie dazu den Reis durch ein Sieb, bis das
Wasser nicht mehr trübe ist.

Dann den Sushi-Reis zusammen mit dem Wasser in einen Topf geben und ca. 10 Minuten einweichen lassen.

Dann den Topf zum Kochen bringen, die Hitze reduzieren und den Reis bei geschlossenem Deckel ca. 15-20 Minuten kochen lassen, bis das gesamte Wasser vom Reis aufgenommen wurde. Dann den Reis von der Kochplatte nehmen und weitere 5 Minuten ruhen lassen.

In der Zwischenzeit den Reisessig mit Zucker und Salz in einer kleinen Schüssel mischen und in der Mikrowelle erhitzen.

Dann mischen Sie den Reisessig mit dem Reis gut.

Spülen Sie nun den Lachs mit kaltem Wasser ab, tupfen Sie ihn trocken und schneiden Sie ihn in ca. 3 cm lang und 1 cm breit.

Schließlich werden dünne, fingerlange Brötchen aus dem Reis (vorzugsweise mit nassen Händen) und jeweils mit einem Stück Lachs gebildet.

NEAPOLITAN TOMATENSAUCE

S.

Portionen: 4

ZUTATEN

- 1 kg   Tomaten
- 1 zwischen   Basilikum
- 1 Stck Knoblauchzehe
- 2 EL   Olivenöl
- 1 Preis Salz-
- 1 Preis Gemahlener Pfeffer

VORBEREITUNG

Zuerst die Tomaten waschen, trocknen und grob
würfeln.

Als nächstes geben Sie das Olivenöl und die Tomaten in einen hohen Topf und erhitzen alles bei mittlerer Hitze für 4-5 Minuten.

In der Zwischenzeit das Basilikum waschen, trocknen und fein hacken.

Nun den Knoblauch schälen und zusammen mit dem Basilikum in den Topf geben.

Dann kochen Sie die bedeckten Tomaten für 20-30 Minuten bei starker Hitze unter gelegentlichem Rühren.

Im nächsten Schritt die Mischung durch ein Sieb reiben.

Zum Schluss die neapolitanische Tomatensauce mit Salz und Pfeffer abschmecken und servieren.

Muschelsalat

S.

Portionen: 6

ZUTATEN

- 1 Stck Zwiebel (mittel
- 1 kg   Muscheln, sehr frisch
- 2 Stk Knoblauchzehen
- 2 EL   Olivenöl
- 250 ml Weißwein, trocken
- 2 Stk Tomaten, vollreif
- 1 Preis Salz-
- 1 Preis Gemahlener Pfeffer

Für die Avocadocreme

- 2 Stk Avocado, reif

- 2 EL Zitronensaft
- 1 Preis Salz-
- 1 Preis Gemahlener Pfeffer
- 1 Stck Knoblauchzehe
- 1 EL Olivenöl

VORBEREITUNG

Schneiden Sie zuerst die Schnurrhaare (falls vorhanden) von den Muscheln ab. Füllen Sie dann ein Waschbecken mit kaltem Wasser und spülen und reinigen Sie die Muscheln gründlich. Wechseln Sie das Wasser 1-2 Mal. Die Muscheln sind sauber, wenn sich kein Sand mehr auf dem Poolboden absetzt. Geöffnete Muscheln aussortieren!

Dann die Zwiebel und den Knoblauch schälen und sehr fein hacken. Die Tomaten 2 Minuten in kochendem Wasser blanchieren, mit kaltem Wasser abspülen und die Haut abziehen. Dann die Tomaten halbieren, die Samen mit einem Löffel entfernen und das Fruchtfleisch in kleine Stücke schneiden.

Für die Avocadocreme die Avocados halbieren, den Stein entfernen und das Fruchtfleisch mit einem Löffel entfernen. Knoblauch schälen und grob hacken.

Dann die Hälfte des Fruchtfleisches mit Zitronensaft, Knoblauch und Olivenöl in eine Rührschüssel geben und mit einem Schneidestift pürieren.

Die restliche Avocado fein würfeln, unterheben, den Avocado-Kern in die Sahne geben und die Sahne mit Salz und Pfeffer würzen.

Nun das Olivenöl in einem großen Topf erhitzen, Zwiebeln und Knoblauch dazugeben und bei mittlerer Hitze ca. 5 Minuten schwitzen.

Dann die Muscheln in den Topf geben, den Wein einfüllen und abgedeckt ca. 10 Minuten kochen lassen.

Zum Schluss die Muscheln mit einem geschlitzten Löffel aus dem Topf heben, die ungeöffneten Muscheln wegwerfen, die restlichen Muscheln aus der Schale nehmen, in eine flache Schüssel geben und mit der Kochbrühe beträufeln.

Gießen Sie die Tomatenwürfel über die Muscheln, würzen Sie alles mit Salz und Pfeffer und servieren Sie den Muschelsalat mit der Avocadosauce und frischem Weißbrot.

MUSCHELN IM

S.

Portionen: 4

ZUTATEN

- 1 kg   Muscheln, frisch
- 1 Stck Zwiebel
- 1 Stck Sellerie
- 100 G. Pilze
- 90 ml Weißwein
- 1 Föderation Petersilie
- 2 EL   Butter
- 1 Preis Salz-
- 1 Preis Gemahlener Pfeffer

VORBEREITUNG

Reinigen Sie zuerst die Muscheln unter kaltem fließendem Wasser mit einer kleinen Bürste, sortieren Sie die geöffneten Muscheln aus und entfernen Sie den Schnurrbart.

Nun die Zwiebel schälen und in feine Würfel schneiden. Die Pilze putzen und in Würfel schneiden.

Als nächstes schälen Sie den Sellerie, schälen die Fäden mit einem Messer und schneiden den Sellerie in feine Stücke.

Die Butter in einem Topf schmelzen und die Zwiebelstücke, Pilze und den Sellerie bei mittlerer Hitze 4-5 Minuten leicht anbraten.

Dann die Muscheln dazugeben, den Wein einfüllen und bei mittlerer Hitze ca. 5 Minuten köcheln lassen, bis sich die Muschelschalen öffnen - die ungeöffneten Muscheln aussortieren.

In der Zwischenzeit die Petersilie waschen, trocken schütteln, fein hacken und Salz und Pfeffer in den Topf geben.

MORO CARROT SOUP

S.

Portionen: 2

ZUTATEN

- 500 G. Möhren
- I Wasser
- 1 TL   Salz (3 g)

VORBEREITUNG

Für die Morosche-Karottensuppe die gereinigten und geschälten Karotten bei mäßiger Hitze mindestens 2 Stunden im Wasser köcheln lassen.

Dann die Karotten mit einem Zauberstab fein pürieren.

Dann die gekochte Flüssigkeit wieder mit gekochtem Wasser auf 1 Liter auffüllen.

Zum Schluss das Salz hinzufügen, umrühren, fertig.

KAROTTENSALAT

S.

Portionen: 2

ZUTATEN

- 6 Stk Karotten, toll
- 2 Stk Orangen, großartig
- 2 EL   Weizenkeimöl

VORBEREITUNG

Zuerst die Karotten waschen, den Stiel entfernen und mit einer Küchenreibe fein reiben.

Dann die Orangen halbieren, mit einer Saftpresse auspressen und den Saft zusammen mit den Karotten in eine Schüssel geben.

Gießen Sie das Weizenkeimöl darüber, mischen Sie alles gut zusammen und der Karottensalat ist fertig.

KAROTTENDAMPF MIT

Portionen: 4

ZUTATEN

- Hühnerbrühe, stark
- 1 Stck Chili-Pfeffer, rot
- 45 G. Ingwer, frisch
- 3 Stk Knoblauchzehen
- 4 Stk Zwiebeln, rot
- 500 ml Karottensaft
- 6 EL   Sojasauce, salzig
- 2 EL   Limettensaft

für die Kaution

- 300 G Hautlose Hähnchenbrustfilets
- 125 G. Flache Reisnudeln (Asia Shop)
- 450 G. Karotten, dick

zum garnieren

- 2 EL   Basilikumblätter, fein gehackt
- 2 EL   Sesamöl

VORBEREITUNG

Bringen Sie zuerst die Hühnerbrühe in einem Topf zum Kochen, geben Sie die Hähnchenbrustfilets hinein, senken Sie die Temperatur und kochen Sie das Fleisch bei schwacher Hitze etwa 10-12 Minuten lang. Dann nehmen Sie es aus der Brühe und lassen es abkühlen.

In der Zwischenzeit die flachen Reisnudeln 5 Minuten in lauwarmem Wasser einweichen.

Dann viel Wasser in einem Topf zum Kochen bringen und die Reisnudeln darin bei mittlerer Hitze ca. 1-2 Minuten kochen. Dann die Nudeln abtropfen lassen, sofort mit kaltem Wasser abspülen und abtropfen lassen.

Als nächstes schälen Sie die Karotten und den Ingwer. Schneiden Sie die Karotten der Länge nach zuerst in dünne Scheiben, dann in dünne Streifen. Den Ingwer in dünne Scheiben schneiden. Den Chili-Pfeffer längs schneiden, die Kerne entfernen und in feine Streifen schneiden.

Zwiebeln und Knoblauch schälen, in dünne Scheiben schneiden, mit Ingwer und Chili in die Hühnerbrühe geben, Karottensaft und Sojasauce dazugeben und die Suppe bei mittlerer Hitze ca. 15 Minuten leicht köcheln lassen.

Dann die Karottenstreifen hineinlegen, ca. 2 Minuten kochen lassen und mit dem Limettensaft würzen.

Zum Schluss das Huhn in dünne Scheiben schneiden und mit den Nudeln zur Suppe geben.

Vor dem Servieren den Karotteneintopf mit Ingwer und Basilikum bestreuen, mit Sesamöl beträufeln und sehr heiß servieren.

KAROTTE UND TURMERISCHE

S.

Portionen: 4

ZUTATEN

- 1 Stck Zwiebel
- 1 Stck Knoblauchzehe
- 300 G Möhren
- 4 EL   Olivenöl
- 1 TL   Kurkumapulver
- 1 Preis Salz-
- 500 ml Wasser

VORBEREITUNG

Zwiebel und Knoblauch zuerst schälen und fein hacken. Karotten putzen und in Scheiben schneiden.

Nun das Öl in einem Topf erhitzen und die Zwiebel- und Knoblauchstücke kurz anbraten. Dann die Karotten und die Kurkuma hinzufügen und das Wasser darüber gießen.

Die Suppe salzen, zum Kochen bringen und ca. 15 Minuten köcheln lassen.

Zum Schluss die Suppe fein pürieren.

CARROT CURRY SOUP

Portionen: 4

ZUTATEN

- 400 g Möhren
- 1 Stck Zwiebel
- 850 ml Gemüsebrühe
- 1 TL   Currypulver (scharf)

VORBEREITUNG

Zwiebel und Karotte vorher schälen und würfeln.

Dann das Gemüse mit der Brühe in einem Topf zum Kochen bringen und bei mittlerer Hitze ca. 15 Minuten köcheln lassen.

Wenn das Gemüse fertig ist, pürieren Sie die Suppe mit dem Handmixer, rühren Sie das Currypulver ein und bringen Sie es erneut kurz zum Kochen.

Karottenverbreitung mit Ingwer

S.

Portionen: 4

ZUTATEN

- 1 TL   Curry
- 2 EL   Zitronensaft
- 200 G. Möhren
- 250 g Quark
- 4 cm   Ingwer, frisch
- 150 G. Naturjoghurt
- 1 Preis Salz-

VORBEREITUNG

Karotten und Ingwer schälen, in einer Schüssel fein
reiben und mit Zitronensaft beträufeln.

Nun den Quark mit dem Joghurt in einer Schüssel glatt rühren. Den Ingwer mit den Karotten unterheben und den Karottenaufstrich mit Ingwer mit Salz und Curry würzen.

MINESTRONE

S.

Portionen: 4

ZUTATEN

- 150 G. weiße Bohnen
- 1 Stck Lorbeerblatt
- 1 Föderation Petersilie
- 0,5 Föderation   Thymian
- 1 zwischen   Rosmarin
- 200 G. Erbsenschoten
- 2 Stk Zucchini
- 2 Stk Möhren
- 200 KnSellerie
- 1 Stck Paprika
- 1 TL   Salz-

- 0,5 TL Pfeffer
- 2 Stg Lauch
- 2 Stk Knoblauchzehen
- 40 G. Ditalini oder kurze röhrenförmige Nudeln
- 1 EL Olivenöl
- 1 TL Parmesan, gerieben

VORBEREITUNG

Die weißen Bohnen am Abend zuvor in kaltem Wasser einweichen und über Nacht stehen lassen.

Für den Minestrone einen großen Topf mit ca. 1,5 Litern Wasser zum Kochen bringen. Spülen Sie die eingeweichten weißen Bohnen ab, geben Sie sie in den Topf und kochen Sie sie 30 bis 35 Minuten lang bei schwacher Hitze.

In der Zwischenzeit Lorbeerblatt, Rosmarin, Petersilie und Thymian waschen, trocken schütteln, mit Küchengarn zusammenbinden und zu den Bohnen geben.

Dann die Zucchini, die Karotten und den Sellerie schälen und in Würfel schneiden. Den Lauch reinigen und in dünne Ringe schneiden. Den geschälten Knoblauch hacken. Paprika halbieren, entkernen, waschen und ebenfalls in Würfel schneiden. Die gewaschenen Erbsenschoten in kleine Stücke schneiden.

Das vorbereitete Gemüse zu den Bohnen im Topf geben, mit Salz und Pfeffer würzen und 20 Minuten bei mittlerer Temperatur kochen.

Entfernen Sie dann die gebundenen Kräuter vom Minestrone, fügen Sie die Nudeln hinzu und kochen Sie sie weitere 8 Minuten lang - bis die Nudeln fest im Biss sind.

Zum Schluss den Minestrone mit Salz und Pfeffer würzen, mit Olivenöl beträufeln und mit geriebenem Parmesan bestreuen.

MINESTRONE MIT BOHNEN

Portionen: 4

ZUTATEN

- 150 G. Bohnen, getrocknet, gemischt (siehe Rezept)
- 100 G. Pancetta, italienischer Schweinebauch
- 4 EL   Olivenöl
- 1 Stg Lauch
- 250 g Wirsing
- 1 Stck Paprika, gelb
- 2 Stk Zucchini, klein
- 1 Dose Gehackte Tomaten, ca. 800 g
- 750 ml Gemüsebrühe, heiß
- 1 Preis Salz-

- 1 Preis Pfeffer, schwarz, frisch gemahlen
- 75 G. Parmesan, grob, frisch gerieben

VORBEREITUNG

Bitte beachten Sie: Die Bohnen (Mischung aus Kidneybohnen, schwarzen und weißen Bohnen) sind mindestens 12 Stunden eingeweicht.

Am Tag zuvor die Bohnen in eine Schüssel geben, mit kaltem Wasser abdecken und mindestens 12 Stunden einweichen - noch besser über Nacht.

Lassen Sie am nächsten Tag das Einweichwasser ab und kochen Sie die Bohnen in frischem Wasser ohne Salz bei schwacher Hitze etwa 1 1/4 Stunden lang. Dann in ein Sieb gießen und abtropfen lassen.

Während dieser Zeit Lauch und Wirsing reinigen und waschen. Den Lauch in Ringe und den Wirsing in Streifen schneiden. Paprika putzen, waschen und würfeln. Zucchini putzen, waschen und in Scheiben schneiden.

Dann die Pancetta würfeln. Das Olivenöl in einem großen Topf erhitzen und die Speckwürfel darin ca. 3-4 Minuten knusprig braten, dann auf Küchenpapier abtropfen lassen.

Nun das vorbereitete Gemüse 3-4 Minuten im Speckfett braten. Fügen Sie die Tomatenkonserven hinzu, gießen Sie die Brühe hinein und bedecken Sie sie mit allen Zutaten. Bei mittlerer Hitze etwa 15 Minuten köcheln lassen.

Zum Schluss die gekochten Bohnen zum Gemüse geben, einrühren und 5 Minuten heiß werden lassen. Der Minestrone mit Bohnen mit Salz und Pfeffer in Suppenteller gießen. Mit dem grob geriebenen Parmesan bestreuen und sofort servieren.

REISPUDDING MIT REISMILCH

Portionen: 2

ZUTATEN

- 250 g Reispudding
- 1.2 Reismilch
- 1 Preis Zimt
- 1 Preis Kardamom
- 3 EL Zucker, weiß
- 1 Stck Vanilleschote
- 2 EL Zimt Zucker

VORBEREITUNG

Zuerst die Reismilch in einen Topf geben und den Milchreis hinzufügen. Fügen Sie der Milch auch Zimt, Kardamom und Zucker hinzu.

Als nächstes schneiden Sie die Vanilleschote auf und kratzen das Fruchtfleisch heraus. Das Fruchtfleisch und die Schote in die Reismilch geben, alles erhitzen und 1 Minute zum Kochen bringen.

Nach dem Kochen die Temperatur senken und den Milchreis mit Reismilch bei schwacher Hitze etwa 25 bis 30 Minuten köcheln lassen.

Zum Schluss die Vanilleschote herausfischen und den Milchreis in Portionsschalen füllen. Mit Zimtzucker bestreuen und genießen.

REISPUDDING VOM DAMPFER

Portionen: 4

ZUTATEN

- Milch
- 400 g Milchreis, kurzkörniger Reis
- 1 TL Vanillezucker
- 4 EL Zucker

zum garnieren

- 1 Preis Zimt Pulver
- 1 Preis Zucker

VORBEREITUNG

Um Reispudding im Dampfgarer zu kochen, füllen Sie Reis, Zucker und Vanillezucker in einer Wette ohne Löcher für den Dampfofen und diese mischen sich gut.

Nun die Milch dazugeben und nochmals gut umrühren.

Füllen Sie dann den Dampfgarer und stellen Sie eine Temperatur von 100 Grad ein.

Lassen Sie den Milchreis während des Gebrauchs etwa 35 bis 40 Minuten kochen.

Mit Zimt und Zucker servieren.

MELONENSALAT MIT FETA

Portionen: 4

ZUTATEN

- 1 Stck Wassermelone, mittelgroß (kernlos oder kernlos)
- 100 G. Feta-Käse, cremig
- 0,5 Föderation   Minze
- 0,5 Föderation   Basilikum
- 1 Stck Limette
- 2 EL   Ahornsirup
- 1 Preis Salz-
- 1 Preis Pfeffer, schwarz, frisch gemahlen
- 2 EL   Olivenöl

VORBEREITUNG

Schneiden Sie zuerst die Wassermelone in zwei Hälften und schneiden Sie sie in dicke Scheiben. Entfernen Sie eventuell noch vorhandene Steine, entfernen Sie das Fruchtfleisch mit einem Messer von der Haut und schneiden Sie es in mundgerechte Würfel.

Dann Minze und Basilikum waschen, trocken schütteln, Blätter zupfen und fein hacken.

Als nächstes schneiden Sie die Limette in zwei Hälften und drücken Sie sie heraus. Mischen Sie den Saft mit Ahornsirup, Öl, Salz und Pfeffer.

Die Melonenstücke in eine Schüssel geben, Dressing und Kräuter untermischen. Den Feta grob zerbröckeln und zum Salat geben.

Den Melonensalat mit Feta erneut mischen und 15 Minuten in den Kühlschrank stellen. Sofort danach servieren.

Meerrettichsalat

Portionen: 4

ZUTATEN

- 250 g Meerrettich
- 1 Stck Apfel
- 1 Schuss   Zitronensaft

für das Dressing

- 5 EL   Sauerrahm
- 1 Preis Salz-
- 1 Preis Zucker

VORBEREITUNG

Für diesen einfachen Meerrettichsalat zuerst den Meerrettich schälen und in einer Schüssel fein reiben.

Schälen und reiben Sie auch den Apfel und beträufeln Sie ihn mit etwas Zitronensaft.

Dann den Apfel und die Sahne mit dem Meerrettich mischen, schließlich mit Salz und Zucker würzen.

MANGO COCONUT MUESLI

Portionen: 4

ZUTATEN

- 70 G. Kokosraspeln
- 100 G. Pflaumen
- 130 G. Haferflocken
- 1 Stck Mango
- 200 G. Geronnene Milch
- 130 ml Milch
- 4 EL   Orangensaft
- 4 EL   Honig, flüssig

VORBEREITUNG

Zuerst die getrocknete Kokosnuss in einer Pfanne unter ständigem Rühren goldbraun rösten.

Die Pflaumen in kleine Würfel schneiden und mit den Haferflocken und der ausgetrockneten Kokosnuss mischen.

Die Mango schälen, das Fruchtfleisch vom Stein in Keile schneiden und würfeln.

Den Quark in eine Schüssel oder einen Shaker geben und mit Milch, Orangensaft und Honig mischen.

Die Hälfte der Haferflockenmischung in Schalen geben, die Mangostücke darauf verteilen, über den Quark gießen und mit der restlichen Haferflockenmischung bestreut servieren.

MAKI SUSHI

Portionen: 4

ZUTATEN

- 1 Tasse   Reis
- 2 Tasse   Wasser
- 4 Stk Nori Blätter
- 2 Stk Möhren
- 1 Stck Avocado

VORBEREITUNG

Den Reis auswaschen, bis nur noch klares Wasser
durchläuft. Dann kochen Sie in der doppelten Menge
Wasser. Lassen Sie den Reis unter Rühren abkühlen.

Legen Sie ein Noriblatt auf die Bambusmatte und verteilen Sie eine dünne Schicht Reis darauf. Lassen Sie einen schmalen Streifen frei.

Karotte und Avocado schälen und in feine Streifen schneiden. Legen Sie einen Streifen in die Mitte des Reises und rollen Sie ihn fest auf.

Schneiden Sie die Rolle in etwa 5 gleiche Stücke. Wiederholen Sie den Vorgang mit den restlichen Zutaten und kühlen Sie bis zum Servieren.

MAISSAUCE

Portionen: 4

ZUTATEN

- 300 G Mais, in Dosen
- 250 ml Gemüsebrühe
- 150 ml Schlagsahne
- 1 Stck Zwiebel
- 1 Stck Knoblauchzehe
- 50 G   Butter
- 2 EL   Zitronensaft
- 1 Föderation Petersilie
- 1 Preis Salz-
- 1 Preis Gemahlener Pfeffer
- 1 Schuss   Öl für den Topf

VORBEREITUNG

Zuerst die Zwiebel und den Knoblauch schälen, fein hacken und bei mittlerer Hitze 3-4 Minuten in einem Topf mit Öl leicht anbraten.

Dann 2/3 der Maiskörner zusammen mit der Gemüsebrühe hinzufügen und 10 Minuten köcheln lassen.

Dann die Sahne, das Salz, den Pfeffer und den Zitronensaft in den Topf geben, alles gut mischen und weitere 15 Minuten köcheln lassen.

In der Zwischenzeit die Petersilie waschen, trocknen und fein hacken.

Dann die Sauce 5 Minuten abkühlen lassen und mit einem Stabmixer fein pürieren.

Zum Schluss die restlichen Maiskörner unter die Maissauce mischen und mit der Petersilie garnieren.

Cremesuppe mit Kartoffeln

Portionen: 4

ZUTATEN

- 2 Can Mais, 425 g
- 2 Stk Gemüsezwiebeln
- 300 G Kartoffeln, mehliges Kochen
- 4 EL Rapsöl
- 1.2 Milch
- 1 Stck Lorbeerblatt
- 1 TL Salz-
- 0,5 TL Chiliflocken
- 1 Preis Pfeffer, schwarz, frisch gemahlen
- 3 EL Limettensaft

VORBEREITUNG

Zuerst die Zwiebel schälen und fein würfeln. Kartoffeln schälen, waschen und grob hacken. Dann den Mais abtropfen lassen und 2 Esslöffel Maiskörner beiseite stellen.

Dann die Hälfte des Öls in einem Topf erhitzen, die Hälfte der Zwiebelwürfel und der Kartoffelwürfel unter Rühren etwa 5 Minuten braten.

Nun den restlichen Mais dazugeben, in das Lorbeerblatt geben und die Milch einfüllen. Alles bei mittlerer Hitze köcheln lassen und ca. 10 Minuten unbedeckt lassen.

Das restliche Öl in einer Pfanne erhitzen und die restlichen Zwiebelwürfel ca. 5 Minuten goldbraun braten. Mit etwas Chilipulver bestreuen und beiseite stellen.

Nehmen Sie dann den Suppentopf vom Herd, entfernen Sie das Lorbeerblatt und pürieren Sie die Suppe mit einem Schneidestift. Mit Salz, Pfeffer und Limettensaft würzen.

Die heiße Maiscremesuppe mit Kartoffeln in erwärmten Suppentellern anrichten, mit dem restlichen Mais und den Chili-Zwiebeln bestreuen und sofort servieren.

NIEDRIGER

Portionen: 2

ZUTATEN

- 4 Stk Filoteigblätter aus dem Kühlregal
- 400 g Zwiebeln
- 60 G. Speck, gemischt, in dünne Scheiben geschnitten
- 200 G. Hüttenkäse
- 60 G. Saure Sahne oder Crème Fraîche
- 1 Stck Ei, Größe L.
- 2 EL Petersilie, gehackt
- 0,5 TL Salz-

- 1 Preis Pfeffer, schwarz, gemahlen
- 1 EL   Pflanzenöl für die Pfanne

VORBEREITUNG

Heizen Sie den Ofen zuerst auf 165 ° C vor.

Dann eine Tortenform mit dem Filoteig auslegen und beiseite stellen.

Als nächstes schälen Sie die Zwiebeln und schneiden sie in sehr feine Würfel. Schneiden Sie zuerst die Speckscheiben in Streifen und dann in sehr feine Würfel.

Nun das Öl in eine große Pfanne geben und erhitzen. Fügen Sie den gewürfelten Speck und die Zwiebel hinzu, braten Sie sie bei mittlerer Hitze etwa 5-6 Minuten lang, nehmen Sie sie vom Herd und lassen Sie sie abkühlen.

In der Zwischenzeit den Hüttenkäse, die saure Sahne und das Ei in einer Schüssel mischen. Mit Salz und Pfeffer würzen und die gehackte Petersilie unterheben.

Zum Schluss den Speck und die Zwiebeln unter die Sauerrahmmischung heben, alles gut mischen und in die vorbereitete Schüssel geben.

Backen Sie den kohlenhydratarmen Zwiebelkuchen auf dem mittleren Rost im vorgeheizten Ofen etwa 40-45 Minuten lang goldgelb. Dann aus dem Ofen nehmen, etwas abkühlen lassen und servieren

Linsensuppe mit TOFU

Portionen: 2

ZUTATEN

- 2 Stk Cocktail Tomaten
- 0,5 Stk   Zwiebel
- 1 Stck Knoblauchzehe
- 1 EL   Butter
- 1,5 TL Geriebener Ingwer
- 450 ml Gemüsebrühe
- 120 G. Linsen, rot
- 1,5 TL Curry Paste, rot
- 200 G. Tofu
- 1,5 EL Kokosmilch
- 1 Preis Pfeffer

- 1 Preis Salz-
- 1 Preis Curry Pulver
- 1 Preis Thymian
- 1 Preis Kümmel

VORBEREITUNG

Zwiebel und Knoblauch schälen und hacken. Die Butter in einem Topf erhitzen und die Zwiebel- und Knoblauchstücke darin anbraten.

Waschen Sie die Tomaten, vierteln Sie sie, entfernen Sie die Samen und schneiden Sie das Fruchtfleisch in Stücke. Dann Ingwer und Tomaten in die Zwiebel-Knoblauch-Mischung einrühren und kurz kochen.

Gießen Sie dann die Gemüsebrühe darauf und fügen Sie die roten Linsen hinzu. Die Suppe mit Pfeffer, Salz, Curry, roter Curry-Paste, einer Prise Kümmel und Thymian würzen. Lassen Sie nun die Linsensuppe ca. 15 Minuten leicht kochen.

Schneiden Sie den Tofu wie gewünscht in gleich große Stücke.

Zum Schluss die Kokosmilch in die Suppe geben und den Tofu hinzufügen.

Linsensuppe mit Hirtenkäse

Portionen: 4

ZUTATEN

- 100 G. Linsen
- 650 ml Gemüsebrühe
- 2 TL   Curry Pulver
- 2 Stg Sellerie
- 1 Preis Salz-
- 1 Preis Gemahlener Pfeffer
- 150 G. Hirtenkäse oder Hüttenkäse
- 1 EL   Öl

VORBEREITUNG

Zuerst die Linsen zusammen mit der Gemüsebrühe und dem Currypulver in einen Topf geben, kurz zum Kochen bringen und bei mittlerer Hitze ca. 10 Minuten köcheln lassen.

In der Zwischenzeit den Sellerie waschen und trocknen, das Selleriegrün entfernen und aufbewahren. Den Sellerie in dünne Scheiben oder mundgerechte Würfel schneiden, in den Topf geben, zu den Linsen geben und 5-10 Minuten kochen lassen.

Dann den Topf von der Kochplatte nehmen, den Hirtenkäse hacken, zur Suppe geben, mit Salz und Pfeffer würzen und gut umrühren.

Zum Schluss die Linsensuppe mit dem Selleriegrün garnieren und servieren.

LIME YOGURT DRESSING

Portionen: 1

ZUTATEN

- 150 G. Joghurt
- 1 Preis Salz-
- 1 Preis Pfeffer
- 2 EL Kräuter, gemischt
- 1 EL Limettensaft

VORBEREITUNG

Die Kräuter gut waschen, trocknen und fein hacken.
Dann mischen Sie die Kräuter, Limettensaft, Joghurt,
Salz und Pfeffer in einem Schraubglas. Im Kühlschrank
dicht verschlossen aufbewahren.

LEICHTE VEGANISCHE

Portionen: 4

ZUTATEN

- 1 Stck Hokkaido-Kürbis
- 500 ml Wasser
- 1 Dose Kokosmilch, fettarm
- 1 Stck Knoblauchzehe
- 1 Stck Ingwer, ungefähr so groß wie ein Daumen
- 1 EL   Zitronensaft aus der Flasche
- 0,5 Föderation   Petersilie
- 0,5 TL Kurkuma
- 1 TL   Ceylon-Zimt
- 1 Preis Salz und Pfeffer

- 1 Spr   Olivenöl

VORBEREITUNG

Schneiden Sie zuerst den Kürbis in zwei Hälften, entfernen Sie die Samen und schneiden Sie ihn in etwa 2 cm große Würfel.

Dann den Knoblauch und den Ingwer schälen und fein hacken. Geben Sie beide in einen großen Topf und braten Sie sie kurz bei mittlerer Hitze mit etwas Öl - nicht zu heiß -, damit sich die Aromen richtig entwickeln können. Dann die Kürbisstücke dazugeben und etwas braten.

Fügen Sie nun den Zimt und die Kurkuma hinzu, rühren Sie den Inhalt des Topfes gut um und fügen Sie dann das Wasser hinzu.

Lassen Sie die Suppe nun ca. 25-30 Minuten auf einer höheren Stufe kochen. Sobald der Kürbis zart ist, kann entweder der Stabmixer oder der Kartoffelstampfer seine Arbeit erledigen, bis die Suppe cremig wird. Abhängig von der Konsistenz kann möglicherweise Wasser hinzugefügt werden.

Zum Schluss die Petersilie fein hacken, hinzufügen und kurz köcheln lassen. Fügen Sie nun die Kokosmilch und den Zitronensaft hinzu. Dann umrühren und mit Salz und Pfeffer würzen. Die leichte vegane Kürbissuppe ist fertig.

LEEK CASSEROLE MIT GEZOGENEM FLEISCH

Portionen: 4

ZUTATEN

- 800 G. Kartoffeln, wachsartig
- 300 G Lauch
- 3 EL   Olivenöl
- 1 Stck Zwiebel
- 1 Stck Knoblauchzehe
- 250 g Rinderhack
- 1 EL   Thymianblätter, frisch
- 200 ml Fleischsuppe
- 1 Preis Salz-

- 1 Preis Pfeffer, schwarz, frisch gemahlen
- 1 EL   Butter
- 1 Preis Salz für das Hackfleisch
- 1 Preis Schwarzer Pfeffer für das Hackfleisch

VORBEREITUNG

Bereiten Sie zuerst das Gemüse vor. Reinigen Sie dazu den Lauch, waschen Sie ihn gründlich und schneiden Sie ihn dann diagonal in dünne Scheiben.

Kartoffeln schälen und waschen, ebenfalls in dünne Scheiben schneiden und mit kaltem Wasser in eine Schüssel geben. Zwiebel und Knoblauch schälen und fein hacken.

Dann das Öl in einer Pfanne erhitzen und das Hackfleisch unter Rühren ca. 6 Minuten braten. Fügen Sie die Zwiebel- und Knoblauchwürfel hinzu und braten Sie sie weitere 5 Minuten.

Nun die Lauchscheiben in die Pfanne geben, mit dem Hackfleisch mischen und weitere 5 Minuten kochen lassen. Die Hackfleischmischung mit Salz und Pfeffer würzen und den Thymian unterrühren.

Den Backofen auf 180 ° C vorheizen (Heißluftofen 160 ° C) und eine Auflaufform mit Butter einfetten.

Nehmen Sie die Kartoffelscheiben aus dem Wasser, tupfen Sie sie trocken und schichten Sie sie abwechselnd mit der Lauchmischung in der Form. Jede Schicht mit Salz und Pfeffer würzen und mit einer Schicht Kartoffelscheiben abschließen.

Anschließend die Brühe mit Hackfleisch über den Lauchauflauf gießen, die Butterflocken darüber verteilen und mit einem Blatt Backpapier abdecken.

Schieben Sie die Form im vorgeheizten Backofen auf die mittlere Schiene und backen Sie sie 30 Minuten lang. Dann das Backpapier entfernen und weitere 30 Minuten backen. Nehmen Sie den fertigen Auflauf aus dem Ofen und servieren Sie ihn in der Form.

LAMM-MEDAILLONS

Portionen: 4

ZUTATEN

- 2 Stk Knoblauchzehen
- 800 G. Lammfiletsattel
- 0,5 TL Rosmarinnadeln
- 1 Preis Salz-
- 1 Preis Paprikapulver, edel süß
- 2 EL   Olivenöl
- 1 Preis Pfeffer aus der Mühle

für das Knoblauchweißbrot

- 8 Schb   Weißbrot (nach Wunsch)
- 2 Stk Knoblauchzehen

- 2 EL   Olivenöl für die Pfanne

VORBEREITUNG

Schälen Sie zuerst die Knoblauchzehen und drücken Sie sie durch eine Knoblauchpresse. Dann das von Haut und Sehnen befreite Fleisch in ca. 8 Scheiben à 2 cm dick. Dann das Fleisch leicht flach drücken und mit Salz, Pfeffer, Paprikapulver und Knoblauch einreiben.

Für das Knoblauchweißbrot die restlichen Knoblauchzehen schälen und durch eine Knoblauchpresse drücken. Dann Olivenöl in einer Pfanne erhitzen, den Knoblauch anbraten und die Brotscheiben im Knoblauchöl auf beiden Seiten goldbraun braten - auf einem Teller oder im Ofen warm halten.

Nun das restliche Olivenöl in der Pfanne erhitzen, die Lammmedaillons kräftig braten (ca. 3-4 Minuten pro Seite, nur einmal wenden) und mit Rosmarin bestreuen.

LACHSFILETT AUF RISOTTO

S.

Portionen: 4

ZUTATEN

- 2 EL   Pflanzenöl
- 1 Stck Zitrone, biologisch angebaut
- 450 G. Kirschtomaten
- 800 G. Lachsfilet, ohne Haut
- 1 Preis Salz-
- 1 Preis Pfeffer
- für das Risotto
- 2 Stk Zwiebeln, klein
- 150 G. Risottoreis
- 500 ml Gemüsebrühe
- 100 ml Weißwein, trocken

- 1 Stck Zucchini, mittelgroß
- 120 G. Oliven, schwarz, ohne Kern
- 3 EL   Pflanzenöl
- 1 Preis Pfeffer
- 1 Preis Salz-

VORBEREITUNG

Für das Risotto zuerst die Zwiebeln schälen und würfeln. Zwei Esslöffel Öl in einem Topf erhitzen, die Zwiebelwürfel anbraten, den Reis dazugeben und damit anbraten.

Nach und nach die Brühe und den Wein unter häufigem Rühren einfüllen. Sobald der Reis trocken ist, immer etwas Flüssigkeit hinzufügen und insgesamt 30-35 Minuten kochen lassen.

In der Zwischenzeit die Zucchini waschen und reinigen, bei Bedarf schälen, würfeln und in einer Pfanne mit einem Esslöffel heißem Öl anbraten. Dann beiseite legen.

Nun die Zitrone kräftig waschen, mit Küchenpapier trocknen und vier dünne Scheiben schneiden. Einfach die Kirschtomaten waschen und trocknen.

Für das Lachsfilet auf Risotto den Lachs in 4 Streifen schneiden und mit Salz und Pfeffer würzen.

Nun das Öl in einer Pfanne erhitzen, jeden Lachsstreifen mit einem Zitronenschnitz abdecken und ca. 5 Minuten im heißen Öl braten, einmal wenden, die Tomaten dazugeben und braten.

Zum Schluss die Zucchinimischung zum fertigen Risotto geben, mit Salz und Pfeffer würzen. Zusammen mit den Lachsstreifen und Tomaten servieren.

LACHS MIT FRANZÖSISCHEN

Portionen: 4

ZUTATEN

- 600 G. Französische Bohnen
- 4 Stk Lachsfilet zu je 200 Gramm
- 2 Preis Salz-
- 1 Preis Pfeffer, frisch gemahlen

VORBEREITUNG

Zu Beginn den Römertopf gießen, dh mindestens 10 Minuten in Wasser einweichen, damit die Tonporen füllen und beim Kochen Dampf entsteht.

Die grünen Bohnen reinigen, in kaltem Wasser waschen und gut abtropfen lassen. Dann in den Römertopf geben und etwas Salz hinzufügen.

Stellen Sie nun den Topf in den kalten Ofen und kochen Sie ihn 30 Minuten lang bei 180 Grad vor.

In der Zwischenzeit den Lachs mit kaltem Wasser abspülen, mit Küchenpapier trocken tupfen und mit Salz und Pfeffer würzen.

Nach 30 Minuten den Lachs auf die grünen Bohnen legen, den Deckel wieder schließen und 10 Minuten dämpfen.

Nehmen Sie dann den Deckel ab und backen Sie den Lachs weitere 10 Minuten mit grünen Bohnen.

LACHS VOM DAMPFER

Portionen: 4

ZUTATEN

- 4 Stk Lachsfilets, wilder Lachs
- 1 Schuss   Zitronensaft
- 1 kg   Brokkoli
- 8 Stk Kartoffeln, wachsartig, mittelgroß
- 50 G   Mandelblättchen
- 1 TL   Petersilie, gehackt
- 1 EL   Butter oder Öl
- 1 Preis Salz-

für die Soße

- 200 ml Schlagsahne

- 2 TL   Butter
- 2 TL   Mehl
- 150 ml Gemüsebrühe
- 1 Preis Salz-
- 1 Preis Pfeffer
- 1 TL   Schnittlauch in dünne Ringe schneiden

VORBEREITUNG

Füllen Sie für Lachs aus dem Dampfgarer zuerst den Dampfgarer gemäß den Gebrauchsanweisungen mit Wasser oder Brühe und fetten Sie den Einsatz mit etwas Butter oder Öl ein.

Kartoffeln schälen, waschen und längs vierteln.

Den Brokkoli waschen und reinigen und in Röschen schneiden.

Die Lachsfilets salzen und mit Zitronensaft beträufeln.

Stellen Sie nun den Dampfgarer auf 90 Grad und legen Sie zuerst die Kartoffeln in den Dampfgarer. Nach 20 Minuten Brokkoli und Lachs hinzufügen und 10 Minuten kochen lassen.

Machen Sie eine Mehlschwitze für die Sauce. Dazu die Butter schmelzen, das Mehl darüber streuen und unter ständigem Rühren schwitzen.

Dann die Gemüsebrühe in kleinen Portionen unter ständigem Rühren einrühren und zum Kochen bringen. Zum Schluss die Sahne dazugeben und mit Salz, Pfeffer und Schnittlauch würzen.

In der Zwischenzeit die Mandeln fettfrei in einer beschichteten Pfanne rösten und immer wieder wenden.

Zum Schluss alle Zutaten auf Tellern anrichten, den Brokkoli mit Mandelblättchen und die mit gehackter Petersilie bestreuten Kartoffeln servieren.

Kürbissuppe mit Majoran

Portionen: 4

ZUTATEN

- 1 kg   Kürbis (zB Butternuss, Muskatkürbis)
- 100 ml Sauerrahm
- 40 G. Butter für den Topf
- 1 EL   Zitronensaft
- 600 ml Gemüsebrühe
- 1 Föderation Majoran
- 1 TL   Salz-
- 1 Preis Pfeffer
- 1 Msp Safran
- 1 Schuss   Kürbiskernöl

VORBEREITUNG

Für diese feine Kürbiscremesuppe den Kürbis vierteln, schälen, die Samen entfernen und das Fruchtfleisch in Würfel schneiden.

Dann die Butter im Topf schmelzen und die Kürbiswürfel darin schmoren lassen - bei schwacher Hitze ca. 5 Minuten kochen lassen.

Gießen Sie nun den Zitronensaft und die Gemüsebrühe in den Topf und köcheln Sie vorsichtig für ca. 15-20 Minuten, bis die Kürbisstücke weich sind.

In der Zwischenzeit den Majoran waschen, trocken schütteln, die Blätter zupfen und fein hacken. Reinigen Sie die Kürbiskerne gut, trocknen Sie sie mit einem Küchentuch ab und braten Sie sie leicht in einer Pfanne (ohne Öl).

Dann die Suppe mit einem Stabmixer pürieren, nach Belieben Salz und Pfeffer hinzufügen, etwas Safran einrühren und die Schinkenstreifen wieder unterheben. Zusätzlich können Sie die Suppe mit etwas Sauerrahm verfeinern.

Die fertige Kürbissuppe in Teller geben, mit den Kürbiskernen bestreuen, die Majoranblätter darüber verteilen und mit ein paar Spritzer Kürbiskernöl garnieren.

KÜRBIS HUMMUS

S.

Portionen: 4

ZUTATEN

- 500 G. Hokkaido-Kürbis
- 1 Stck Knoblauchzehe
- 1 Preis Salz-
- 1 Preis Pfeffer
- 1 Preis Kreuzkümmel
- 3 EL   Tahini
- 100 G. Sonnengetrocknete Tomaten

VORBEREITUNG

Den Kürbis waschen und teilen, die Samen entfernen und in kleine Stücke schneiden. Den in Stücke geschnittenen Kürbis auf ein mit Backpapier ausgelegtes Backblech legen.

Heizen Sie den Ofen auf 220 Grad vor und backen Sie den Kürbis auf dem mittleren Rost 20 Minuten lang, bis er weich ist.

Den Knoblauch schälen und zusammen mit den sonnengetrockneten Tomaten grob hacken.

Nun den gebackenen Kürbis, Knoblauch, Salz, Pfeffer, Kreuzkümmel, Tahini und die gehackten Tomaten in die Küchenmaschine geben und zu einer Paste verarbeiten. Alternativ kann ein Stabmixer zum Pürieren verwendet werden.

Die Kürbishummus werden noch gut in eine Plastikbox im Kühlschrank gezogen, eine Stunde wird bis dahin verbraucht.

Creme aus Kürbissuppe mit Kokosnussmilch

Portionen: 6

ZUTATEN

- 1 Stck Hokkaido-Kürbis (500 g)
- 100 ml Orangensaft, frisch gepresst
- 400 ml Gemüsebrühe
- 300 ml Kokosmilch
- 1 TL   Chiliflocken
- 1 TL   Limettensaft
- 1 TL   Curry Pulver
- 1 Preis Salz-
- 1 TL   Pfeffer, schwarz, frisch gemahlen

zum garnieren

- 1 TL   Chiliflocken
- 0,5 Föderation   Koriander

VORBEREITUNG

Den Kürbis waschen, halbieren und die Samen und
Fasern entfernen. Dann das Kürbisfleisch in kleine
Würfel schneiden und in einen Topf geben.

Den Orangensaft, die Chiliflocken, das Currypulver,
Salz und Pfeffer hinzufügen, mit der Gemüsebrühe
auffüllen und zum Kochen bringen.

Alles 1 Minute zum Kochen bringen, dann abdecken und
bei reduzierter Hitze ca. 20-25 Minuten köcheln lassen.

In der Zwischenzeit den Koriander waschen, trocken
schütteln und die Blätter fein hacken.

Pürieren Sie nun den Inhalt des Topfes mit einem
Schneidestift fein, während Sie die Kokosmilch und den
Limettensaft hinzufügen.

Die Kürbissuppe mit Kokosmilch nochmals 1 Minute
kochen lassen, dann in einen warmen Teller gießen.

Mit ein paar Chiliflocken und Korianderblättern
garnieren und sofort servieren.

FAZIT

Wenn Sie ein paar Pfund abnehmen möchten, wird die kohlenhydratarme und fettarme Ernährung irgendwann an Ihre Grenzen stoßen. Obwohl das Gewicht mit den Diäten reduziert werden kann, ist der Erfolg normalerweise nur von kurzer Dauer, da die Diäten zu einseitig sind. Wenn Sie also abnehmen und einen klassischen Jojo-Effekt vermeiden möchten, sollten Sie lieber Ihre Energiebilanz überprüfen und Ihren täglichen Kalorienbedarf neu berechnen.

Ideal ist es, eine sanfte Variante der fettarmen Ernährung mit 60 bis 80 Gramm Fett pro Tag fürs Leben einzuhalten. Es hilft, das Gewicht zu halten und schützt vor Diabetes und hohen Blutfetten mit all ihren Gesundheitsrisiken.

Die fettarme Ernährung ist vergleichsweise einfach umzusetzen, da Sie nur auf fetthaltige Lebensmittel verzichten oder deren Anteil an der täglichen Lebensmittelmenge stark einschränken müssen. Bei der Low-Carb-Diät hingegen sind eine viel genauere Planung und mehr Ausdauer erforderlich. Alles, was Sie wirklich füllt, ist normalerweise reich an Kohlenhydraten und sollte vermieden werden. Dies kann unter Umständen zu Heißhungerattacken und damit zu einem Versagen der Ernährung führen. Es ist wichtig, dass Sie richtig essen. Viele gesetzliche Krankenkassen bieten daher Präventionskurse an oder bezahlen Sie für eine individuelle Ernährungsberatung. Ein solcher Rat ist äußerst wichtig, insbesondere wenn Sie sich für eine Diät zur Gewichtsreduktion entscheiden, bei der Sie Ihre gesamte Diät dauerhaft ändern möchten. Ob Ihre private Krankenversicherung solche Maßnahmen bezahlt, hängt von dem Tarif ab, den Sie abgeschlossen haben.

Lightning Source UK Ltd.
Milton Keynes UK
UKHW020744030621
384855UK00001B/210